CIBERADICCIÓN

Cuando la Adicción se consume a través de Internet

Dr. Juan Moisés de la Serna

Copyright © 2017

www.juanmoisesdelaserna.es

PREÁMBULO

La tecnología está cada día más presente en nuestras vidas, lo que supone un evidente adelanto, pero también un peligro especialmente entre las personas más jóvenes, ya que pueden caer en lo que se llama CiberAdicción.

Esta se ha convertido en una realidad de nuestros días, un problema de salud que no existía apenas hace una década, y que cada día se cobra nuevas vícticmas, y cada vez más jóvenes.

Aunque las consecuencias a largo plazo todavía se desconocen, el que en algunos estudios hablen de que afecta a un 30% de los jóvenes que usan cotidianamente internet, supone que uno de cada tres está en riesgo de padecer una adicción comportamental.

Si bien algunos países están empezando a tomar medidas para prevenirlo, en otros todavía no se han dado cuenta de la gravedad de la situación, de ahí la necesidad de divulgar los resultados de las últimas investigaciones al respecto para dar visibilidad a un problema social que requiere de medidas tanto preventivas como de tratamiento.

ÍNDICE

Dedicado a mis padres

AGRADECIMIENTOS

Aprovechar desde aquí para agradecer a todas las personas que han colaborado con sus aportaciones en la realización de este texto, especialmente a D. Cam Adair, co-autor del Manual de la Adicción de videojuegos para padres.

AVISO LEGAL

CAPÍTULO 1.
DEFINICIÓN DE LA
CIBERADICCIÓN

El uso extensivo e intensivo de las nuevas tecnologías, especialmente entre los más jóvenes ha acarreado una nueva realidad, la de la adicción a Internet.
Si bien ya se tenían noticias desde hace unos años de este fenómeno, en la actualidad la adicción a Internet se ha convertido en un problema de salud mental "habitual".
Las adicciones, sobre todo las comportamentales no parecen distinguir entre género ni edad, pudiéndose presentar en cualquier momento de la vida, aunque es durante la adolescencia donde parece que algunas se hacen más patentes.
Quizás porque existe cierto nivel de permisividad social en los jóvenes en cuanto a la exploración de nuevas conductas, incluso las de riesgo, algo que no es permitido a ninguna otra edad.

Algunos defienden esta postura indicando que se trata de una forma de descubrir el mundo, pero sobre todo a uno mismo, con sus posibilidades y limitaciones.

Donde al igual que se experimentan conductas saludables, también es cuando aparecen las primeras prácticas adictivas, ya sea a sustancias o comportamentales, tal y como sucede con la adicción a Internet.

Pero si hay un colectivo especialmente sensible dentro de los jóvenes a la adicción a Internet estos son los estudiantes universitarios, sobre los cuales se está realizando multitud de investigaciones, aunque no está claro si es porque tenga la ciberadicción una mayor incidencia sobre ellos, o porque sea un grupo especialmente accesible para investigar, en lo que algunos han denominado como investigación de campus, pero ¿Qué problemas de salud entraña Internet?

Esto es precisamente lo que trata de averiguarse mediante una investigación realizada conjuntamente por el Departamento de Medicina Comunitaria, Facultad de Medicina HiTech y el Departamento de Estadística, Universidad Utkal (India) cuyos resultados han sido publicados en la revista científica International Journal of Advanced Multidisciplinary Research.

En el estudio participaron cien estudiantes elegidos al azar con edades comprendidas entre los 17 a 23 años, de los cuales el 95% eran mujeres.

A todos ellos se les administró un test para evaluar su nivel de adicción a Internet a través del I.A.T. (Internet Addiction Test) y otro para evaluar las implicaciones en el mundo emocional del estudiante a través del P.A.N.A.S. (Positive and Negative Affect Schedule).

Igualmente se recogieron datos sobre el tiempo que dedican a Internet, el propósito de su uso, los lugares que visita y el número de horas que dedica a navegar por la red.

Los resultados muestran que el 74% del uso de Internet lo emplean para aspectos personales, mientras que únicamente un 26% lo dedican a temas relacionados con sus estudios.

Llevando el 76% de los estudiantes entre 2 a 4 años como usuarios de la red; mostrando el 93% un uso no intensivo de las redes, por debajo de las dos horas diarias.

Con respecto a los lugares que visitan, el 23% lo hacen en las redes sociales, mientras que el 76% restante lo usan para explorar Internet en busca de información relacionada con sus estudios.

A pesar de que se trata de una amplia muestra, esta se centra exclusivamente en un tipo de carrera tecnológica, por lo que los resultados no pueden ser extensibles a otros estudiantes de carreras menos relacionadas con la tecnología.

Igualmente, y a pesar de informar de que en los grupos de participantes se incluía tanto a hombres como a mujeres, no se analizan los datos por separado, luego con este estudio no es posible conocer la incidencia de la adicción a Internet en relación al género.

A pesar de haber sido evaluados, los resultados no indican el grado de estudiantes que presentan adicción a Internet, ni tampoco explican los efectos significativos positivos para el estado de ánimo que se han hallado en el uso de Internet.

Pero si hay que destacar un dato, es que los jóvenes del estudio dedican demasiado tiempo a "asuntos propios" centrado casi en exclusiva en las redes sociales, en comparación con los que emplea para sus estudios, donde el uso de Internet es más amplio.

Esto también debe de servir para reflexionar sobre el modelo educativo, el cual se muestra "distante" del modo en que los jóvenes se relacionan en la red, siendo necesaria la incorporación de nuevas estrategias para "explotar" las posibilidades de las redes sociales.

Ya que hoy en día es difícil pensar que un joven no conozca y tenga cuenta en Facebook, Twitter o Tuenti entre otros, pues han nacido en la era de las redes sociales, considerándose unos "nativos digitales", es decir, aquellos que nacieron después de los ochenta y que tuvieron desde pequeño acceso a las nuevas tecnologías.

Los que tienen más edad, aquellos que nacieron antes de los años 80, tienen que hacer un esfuerzo por mantenerse informado y formado con esto de las redes sociales, y es a lo que se denomina "inmigrantes digitales", es decir, personas que nacieron sin estas posibilidades y que ahora tienen que adentrarse en éste mundo, a veces confuso y otras desconcertante, pero en todo casos útil y necesario.

Igual que con anterioridad se solicitaba para algunos puestos de trabajo tener el carnet de conducir y un nivel educativo mínimo, ahora se requiere que los candidatos tengan unas destrezas suficientes en el manejo del ordenador y de las redes sociales.

A raíz de estas nuevas herramientas han surgido empleos impensables hace unos años, como el de Community Manager, responsable de foros y comunidades virtuales, o los más técnicos encargados de la promoción de los sitios web como los consultores S.E.O. y S.E.M., que buscan lograr una mayor visibilidad en las redes de una determinada marca o empresa.

Los jóvenes por su parte han ido incorporando las herramientas que ofrece esta nueva tecnología dentro de su vida, tanto académica como de ocio, por lo que ya son muchas las universidades que imparten parcial o totalmente su docencia on-line, pudiéndose conectar desde cualquier dispositivo fijo o móvil, como tabletas, iPads, o teléfonos inteligentes.

Teniendo los docentes una doble función, la de organizar y grabar las clases a impartir y la de la tutorización virtual, para resolver las dudas que hayan podido surgir de las mismas.

Esto ha posibilitado abrir las puertas de las universidades a estudiantes de todo el mundo, con el único requisito de que tengan las destrezas lingüísticas necesarias para seguir las clases, y eso sí, un dispositivo con conexión a Internet.

A este respecto, lo único que no se ha podido solventar ha sido a la hora de la realización de los exámenes, los cuales se exige que sean presenciales, bien en la propia universidad o en un centro concertado en el país del estudiante. De forma que se dé veracidad de que el estudiante que se presenta al examen conoce adecuadamente la materia de la que se examina.

Una forma de garantizar el nivel de formación alcanzado por el estudiante, ya que de otra forma, con los exámenes no presenciales cabe la posibilidad de que otra persona lo responda, sin que fuese el estudiante.

En mi caso particular, tras llevar varios años impartiendo docencia presencial en distintas universidades, tuve que realizar un curso de capacitación para poder continuar con mi labor docente, pero esta vez a través de las internet, para lo que tuve que adaptar las herramientas tecnológicas que con anterioridad empleaba a las nuevas demandas, incluyendo la familiarización de plataformas de formación como Moodle, o el uso de programas de videoconferencias para impartir la docencia on-line, lo que me permitió poder dictar las clases en España, tanto en la Península como en las Islas, a la vez que eran seguidas desde Iberoamérica.

Pero existen riesgos de Internet que surgen cuando el ocio juvenil se convierte casi en exclusiva en el uso intensivo de ésta tecnología, perdiendo el contacto social y a veces, con la propia realidad.

Son muchos los estudios que se están realizando al respecto, a raíz de ésta nueva modalidad, en donde cada día se detectan nuevos casos de ciberadictos, es decir, personas que son incapaces de desconectarse de la red, facilitando el aislamiento social, y el descuido de la higiene mental y personal, asociado además a una alimentación inadecuada, pero ¿Se puede predecir la futura adicción a internet?

Esto es lo que se ha tratado de responder con una investigación realizada conjuntametne desde el Instituto de Medicina, Universidad Médica Kaohsiung y el Hospital Municipal Hsiao-Kang (Taiwán), cuyos resultados han sido publicados en la revista científica J.A.M.A. Pediatrics.

En el estudio participaron dos mil doscientos noventa y tres jóvenes a los cuales se les realizó un seguimientod durante 2 años, siendo evaluados a los 6, 12 y 24 meses.

A todos ellos se les evaluó el nivel de adicción a través de la escala estandarizada denominada C.I.A.S. (Chen Internet Addiction Scale); los niveles de depresión mediante la versión china de la escala C.E.S.-D. (Center for Epidemiological Studies Depression); el déficit de atención con hiperactividad evaluado mediante el A.D.H.D.S. (Attention-Deficit/Hyperactivity Disorder Self-rated Scale); la fobia social mediante la escala F.N.E. (Fear of Negative Evaluation); y la hostilidad de los participantes mediante el B.D.H.I.C.-S.F. (Buss-Durkee Hostility Inventory-Chinese Version-Short Form).

Los resultados informan que aquellos jóvenes varones que tenían altos niveles de hostilidad mostraban mayores niveles de adicción después de los 2 años, convirtiéndose así en el mejor predictor de ésta psicopatología.

En cambio, las adolescentes que participaron en el estudio, mostraron que el mejor predictor de la adicción futura se relaciona con padecer un trastorno por déficit de atención con hiperactividad.

Tanto en chicos como en chicas, no resultaron relevantes los niveles previos de fobia social ni de depresión, a la hora de predecir una futura adicción a las tecnologías.

El estudio, además, ofrece un dato "revelador" en cuanto que, en sólo 2 años, más del 10% de los participantes se vieron afectados por la adicción a Internet, siendo insignificante la diferencia en el número de casos entre los "adictos" masculinos y femeninos.

Estudios necesarios para poder crear programas específicos con lo que prevenirlo, haciendo especial hincapié en la educación, como factor determinante de la autorregulación en el manejo de las nuevas tecnologías, esto es, con una correcta educación cabría esperarse que el joven sea capaz de usar adecuadamente la tecnología y no abusar de ella.

Pues si bien el fenómeno de la ciberadicción es reciente, este ha ido evolucionando rápidamente, así los primeros adictos a los videojuegos o a Internet, pasaban horas y horas sin salir de sus cuartos, incapaces de desconectarse de los juegos de rol o de cualquier otro videojuego para sumar más puntos y aumentar en el ranking; como si eso fuese lo más importante de todo.

De estos primeros casos surgió el término del síndrome de "hikikomori", originariamente identificado en Japón durante la década de los ochenta y noventa.

Los jóvenes que lo sufrían, literalmente daban la espalda a la sociedad, y se negaban a interactuar con los demás, si no era a través de las computadoras, algo que en ocasiones llevaba a una mala nutrición e incluso al abandono de la higiene personal.

Ejemplo de ello se ha observado en mayor o menor grado a lo largo de todo el globo, donde la pantalla del ordenador se convierte en la "realidad" del joven, no existiendo nada más allá fuera de las cuatro paredes de su cuarto.

Actualmente, y gracias a los dispositivos móviles, como las tabletas, iPads, Smartphone o teléfonos inteligentes, ya no es preciso quedarse en casa para estar conectado a Internet.

Además, la incursión de las redes sociales ha hecho que las posibilidades de comunicación aumenten, más allá de los videojuegos, o el chat de hace unos años, lo que ha traído como consecuencia un incremento del número de casos de adicción a Internet, pero ¿Cuál es el porcentaje de adictos a Facebook?

Esto es precisamente lo que ha tratado de responderse desde el Departamento de Sistema de Información y el Departamento De Fundamentos de la Educación y Ciencias Sociales, Facultad de Educación, Universidad Tecnológica de Malasia (Malasia), junto con el Departamento de Computación y Tecnología de la Información, Universidad Islámica Azad (Irán) cuyos resultados han sido publicados en la revista científica International Journal of Information and Education Technology.

En el estudio participaron cuatrocientos cuarenta y un estudiantes universitarios, con una media de 24 años, de los cuales el 49% eran mujeres.

A todos se les evaluó mediante la escala estandarizada para conocer el nivel de adicción a Facebook denominada B.F.A.S. (Bergen Facebook Addiction Scale); igualmente se evaluó el nivel de locus de control mediante el L.O.C. (Locus of Control); y el nivel de egoísmo personal mediante el Ego Strength Scale.

Los resultados informan que los jóvenes mostraban niveles muy elevados de adicción a Facebook, llegando al 47% de los mismos, esto quiere decir que casi la mitad de los usuarios de Facebook eran adictos a esta red social.

Estos datos se mantienen a pesar de la procedencia (malasio o no malasio), religión que practicasen (musulmana, cristiana, budista...) e incluso el género de los participantes.

Una de las limitaciones del estudio, es que la selección de los participantes, se realizó entre aquellos que usaban habitualmente las redes sociales, es decir, los resultados reflejan que entre los usuarios habituales se produce estos niveles elevados de adicción, pero no dice nada de aquellos jóvenes que no usan las redes sociales con tanta frecuencia.

Hay que tener en cuenta que el estudio se realizó únicamente con universitarios, no pudiendo extender los resultados al resto de la población, ni siquiera a la juventud, ya que pueden estar influyendo variables tan destacadas como el nivel socioeconómico o la cultura de los usuarios de Facebook, aspectos que no se analizan en este estudio.

A pesar de que los autores del estudio se han decantado por analizar los niveles de Facebook, debido a la popularidad de esta red, y su creciente número de usuarios, que actualmente se ha contabilizado en cerca de dos billones; no se ha realizado un análisis comparativo con otras redes sociales para tratar de comprender si es un fenómeno propio de Facebook, o de cualquier otra red como Twitter o Google+ por lo que se requiere de nuevas réplicas para poder establecer al respecto.

Igualmente habrá que tener en cuenta si los adictos a Facebook son exclusivamente a esta red social, o a todas; de ser así, se estaría hablando más que de un "problema" con Facebook, de uno de personalidad del individuo que se refleja en su uso de Internet, pero para poder conocer la respuesta a esta cuestión se ha de mejorar el diseño, incorporando preguntas sobre el empleo de otras redes sociales y su frecuencia de uso.

CAPÍTULO 2. SINTOMATOLOGÍA DE LA CIBERADICCIÓN

Actualmente, es difícil encontrar un estudiante que no use habitualmente Internet para sus labores o para ocio, por ello puede sufrir adicción a Internet.

Cada vez la incursión de las nuevas tecnologías se realiza a más temprana edad, prácticamente desde los primeros años de vida, los hijos ahora disponen de tabletas, y con unos años más tienen su propio Smartphone, con acceso a Internet.

Hoy incluso en las escuelas se fomenta el uso de las nuevas tecnologías, a través de las tabletas en sustitución de los libros, además de que el profesor usa su pizarra electrónica, todo ello conectado a Internet, donde se diseñan materiales de consulta específicos para las clases.

Pero cuando uno empieza con Internet, no existe limitación en su uso, sobre todo cuando se adentra uno en los juegos o en las redes sociales, una actividad que cada vez va requiriendo de mayor tiempo, hasta que sin saber cómo se puede llegar a desarrollar una adicción.

Hay que tener en cuenta que cuando se habla de adicción, no se hace únicamente de adicción a determinadas sustancias como el alcohol, el tabaco u otras drogas, ya que existe una categoría de adicción denominada conductual o comportamental.

Las adicciones se definen por sus consecuencias en la vida cotidiana de la persona que lo padece. Así se considera una adicción cuando el implicado en su planeación o pensamiento es excesivo, llegando a interferir con su vida diaria; donde existe cierto nivel de habituación, necesitando cada vez de nuevas experiencias o más cantidad para mantener los efectos deseados; pudiendo llegar a causar problemas personales, sociales o laborales.

Entre las adicciones comportamentales se encuentra la más conocida como es la del juego patológico (ludopatía), y otras menos conocidas como la adicción al trabajo, al sexo, o la ciberadicción. Entre las características de las adicciones comportamentales cabe destacar:

- Pérdida de control de la voluntad.
- Usar excesivo tiempo en dicha actividad quitándosela de otras, ya sean relaciones laborales o sociales.
- Cierto nivel de aislamiento, a menos que sean "adicciones sociales"
- Con consecuencias negativas tanto económicas, emocionales como familiares, debido a dicha dependencia.
- Con "inclusiones" de pensamientos, haciéndose difícil no pensar en ello, y provocando una elevación de la ansiedad y del desasosiego cuando está un tiempo sin acceder a dicha adicción.
- Con consecuencias negativas en el desempeño académico.

En algunos casos además conlleva cierta desatención personal que se puede mostrar con desaliño y falta de higiene.

Lo que se va a concretar en la ciberadicción mediante la siguiente sintomatología:

- Agitación psicomotora cuando está conectado a la red.
- Ansiedad cuando debe de realizar cualquier otra actividad que no sea en Internet.
- Pérdida del control cuando tiene que desconectarse.
- Disminución de las habilidades de decisión, centrado en estar el mayor tiempo posible en línea.

- Reducción de las calificaciones académicas entre los estudiantes, debido a la falta de atención mostrada en clase.
- Problemas motivacionales y de regulación cognitiva, pues sus pensamientos están casi en exclusiva, focalizados en sus actividades en la red.
- Sentimiento de aislamiento y soledad, dado por la incomprensión de los demás sobre lo que le apasiona relacionado con las nuevas tecnologías.
- Con sensación de que el mundo, fuera de la red, es aburrido, buscando ocupar su tiempo en la visión de vídeos o conversaciones "interesantes".
- Surgimiento de problemas afectivos, especialmente depresión, provocado por el aislamiento social.
- Excesiva inversión de horas frente a los dispositivos móviles u ordenadores conectados a internet.
- Irritación cuando alguien le habla mientras está conectado o trata de desconectarle de la red.
- Disminución de interacciones sociales cara a cara, prefiriendo realizarlo mediante las redes sociales.

Todo ello explicado por los mismos mecanismos neuronales que permite tender a repetir conductas. dado por sus consecuencias agradables y positivas facilitando así el aprendizaje.

Así el uso de las nuevas tecnologías cuando dejan de ser útiles para el trabajo o la vida cotidiana, y pasan a ser "necesarias" o "imprescindibles" puede que esté dando origen a una adicción tecnológica, ya sea al uso "excesivo" de nuevos terminales, teléfonos inteligentes, Smartphone o tabletas, así como del uso intensivo y "descontrolado" de servicios de mensajería instantánea, como Mesenger, Whatsapp, Twitter o Tuenti.

Esto ha provocado la aparición de fenómenos novedosos que no existían con anterioridad, por lo que se han tenido que crear nuevos términos para contemplarlo, como es el caso del F.O.M.O. (Fear Of Missing Out), o miedo a perderse lo último, es decir, la necesidad de estar pendiente de la redes sociales en todo momento para no perderse el último dispositivo móvil que ha salido o el último vídeo de su cantante favorito, identificado por primera vez por la Universidad de Essex (Inglaterra) junto con la Universidad de California y la Universidad de Rochester (EE.UU.) según se recoge en la revista científica Computer in Human Behaviour.

Término próximo a un nuevo tipo de fobia relacionada con la tecnología denominado nomofobia, que hace referencia al miedo generado por estar desconectado de las redes sociales o de internet en general, causado por la imposibilidad de acceder a un dispositivo móvil o computadora; sentimientos que se generan también cuando se queda el Smartphone sin batería o se "pierde" la señal wifi.

Para profundizar sobre ello se ha llevado a cabo una investigación desde la Universidad de California (EE.UU.) cuyos resultados han sido publicados en la revista científica U.C. Merced Undergraduate Research Journal.

En este estudio se realizó un análisis bibliográfico, para lo cual se analizaron las publicaciones presentes en PsycINFO y en Google Scholar, teniendo en cuenta que el término Nomofobia es de tan reciente creación que no está todavía recogido como adicción por el D.S.M.-V (siglas en inglés de Manual Diagnóstico y Estadístico de los Trastornos Mentales, actualmente en su versión quinta).

Esta fobia se ha visto primeramente entre los jóvenes, aunque no es exclusivo de ellos. A medio camino entre la obsesión y la adicción, la nomofobia provoca altos niveles de ansiedad entre quien lo sufre.

Hay que distinguir entre este tipo de fobia, que afecta principalmente al plano cognitivo aumentando los niveles de ansiedad generados por pensamientos "catastróficos" asociados a no poder conectarse; de la ciberadicción, la cual es una adicción comportamental, caracterizada por una incursión de pensamientos que generan ansiedad, seguidos de un comportamiento adictivo, que va a provocar la liberación de dicha ansiedad, a la vez que proporciona satisfacción por conectarse, e inicia el ciclo de la adicción de nuevo.

A pesar de esta distinción entre la ciberadicción y la nomofobia, estas se pueden presentar a la vez en los pacientes; aunque no es exclusivo, ya que se ha observado que la ciberadicción se puede dar además con trastornos obsesivos-compulsivos, desórdenes de la alimentación o depresión entre otros.

Una de las explicaciones más aceptadas con respecto al origen y mantenimiento de esta fobia es la teoría basada en el F.oM.O. anteriormente explicado, por lo que en muchas ocasiones se emplea indistintamente ambos términos Nomofobia o F.oM.O.

Otra explicación, aunque más en la dirección de las ciberadicciones se refiere al refuerzo social que supone estar continuamente conectado, ya que se recibe "noticias" de otros usuarios, así como sus comentarios y actualizaciones.

A pesar de lo anterior, y de que ya se han reportado numerosos casos al respecto todavía no existe un programa de prevención o intervención al respecto.

Al igual que sucede con otras adicciones comportamentales, como la adicción a las compras, esta fobia está socialmente aceptada y no considerada como un problema.

En realidad, a los profesionales de la salud se les crea el mismo dilema que tienen que afrontar frente a las drogas "legales", ya sea el tabaco o el alcohol, donde se conoce los efectos negativos sobre la salud a corto y largo plazo, pero no se puede hacer casi nada en cuanto a prevención porque es legal.

Por su parte, desde la Universidad de Villanova (EE.UU.) se ha descrito por primera vez un nuevo fenómeno denominado "Sleep Texting", que se refiere al hecho de no tener un sueño regular, al producirse constantes interrupciones para leer los mensajes recibidos y mandar nuevos mensajes. Este fenómeno da cuenta de una disminución de la cantidad y calidad del sueño entre los jóvenes, que son los principales usuarios que lo padecen. En éste sentido se ha realizado una investigación llevada a cabo conjuntamente por la Universidad de Washington y la Universidad Lee (EE.UU.) cuyos resultados han sido publicados en la revista científica Psychology of Popular Media Culture.

En este estudio participaron ochenta y tres estudiantes, donde se analizaron los niveles de calidad del sueño mediante el Pittsburgh Sleep Quality Index, el cual proporciona información sobre tres índices: el agotamiento, los problemas de sueño y las relaciones sociales, con el objetivo de analizar la influencia del uso de M.S.N. (siglas en inglés de textos por mensajería) en la salud de los universitarios.

Los resultados muestran cómo los tres índices se ven afectados negativamente a medida que crecía el número de mensajes que tenían que "administrar", pero donde mayores efectos se encontraron fue con respecto a los problemas de sueño, donde a partir de unos niveles "moderados" de mensajes ya empezaban a provocar altos niveles de ansiedad y con ello dificultades para conciliar el sueño.

La menor cantidad y calidad del sueño va a traer consecuencias en la "vida diurna", con una menor capacidad retentiva y de atención entre los estudiantes, y si esta situación se mantiene en el tiempo, puede llegar incluso a afectar en la salud.

De ahí la importancia de "educar" a los más jóvenes en el uso de estos dispositivos electrónicos, ya que como se ha indicado, estos pueden generar problemas de desempeño y concentración, además de afectar en las relaciones sociales y lo más grave de todo, a su salud, debido al mantenimiento de elevados niveles de estrés y a la falta de un sueño de calidad.

Y todo ello suponiendo que la persona, es "dueña de su voluntad", es decir, que todavía no ha caído en una adicción tecnológica, lo que acarrearía aún mayores efectos negativos.

El principal problema de la detección de este tipo de situaciones, es que los padres no saben valorar hasta qué punto es algo "normal" o ya ha pasado la raya de lo adecuado y se ha convertido en insano.

Igualmente, la persona que lo sufre, a pesar de darse cuenta de las dificultades y consecuencias nocivas que le acarrea, es incapaz de reconocer que tiene un problema y que requiere de ayuda de los demás para dejarlo, incluso que puede precisar de un especialista para superar su adicción.

Como se puede observar en el resultado anterior, la tecnología puede provocar graves dificultades en el día a día de la persona, tanto que puede poner en riesgo su salud, como en el caso de perjudicar la calidad y cantidad del sueño para tener que contestar los m.s.n. que se reciben.

Como se ha comentado, una de las nuevas realidades de la sociedad desarrollada, es que día a día la tecnología ha ido ocupando un sitio destacado en la vida.

Así, desde que alguien se levanta hasta que se acuesta, se está usando todo tipo de dispositivos electrónicos que hacen la vida más confortable, pero la tecnología no queda sólo en los aparatos, si no en lo que se puede hacer con ellos, de ahí que hayan surgido multitud de software (programas) para sacar el mayor rendimiento posible a los mismos.

Las redes sociales han contribuido a la interconexión de las personas, sin importar la distancia, ofreciendo una comunicación inmediata entre conocidos y desconocidos, pero la influencia de estos avances tecnológicos tiene ciertos riesgos para determinadas personas en cuanto a la salud mental se refiere, así se han llegado a crear incluso clínicas de atención a la adicción a las tecnologías, debido al excesivo uso y abuso de las mismas, que lleva a los usuarios a convertirse en adictos, pero ¿Quién es más sensible a la adicción a las redes sociales?

Esto es precisamente lo que se ha tratado de responder con una investigación realizada conjuntamente desde la Universidad de Medicina Kawasaki, la Universidad de Medicina Integrativa Meiji y la Clínica Manaboshi (Japón), cuyos resultados han sido publicados en la revista científica Psychology.

En el estudio participaron doscientos ochenta y cuatro estudiantes universitarios con edades comprendidas entre los 18 a 24 años, de los cuales ciento cincuenta y cuatro eran mujeres.

A todos se les administró un cuestionario estandarizado para la evaluación de las adicciones denominado S.N.Ss Addiction, igualmente se evaluó el nivel de soledad percibida mediante U.C.L.A. Loneliness Scale, y el de autoestima mediante el Interpersonal Trust Scale.

Los datos informan de que existen diferencias en cuanto al resultado del nivel de adicción a las redes sociales entre hombres y mujeres, siendo los primeros los que mostraban más casos de adicciones.

No resultaron significativos los niveles de adicción en función del nivel de soledad percibido ni el de autoestima de los participantes.

Uno de los datos inesperados señalados por los autores fue el no encontrar relación entre el nivel de soledad o autoestima y la adicción a las redes sociales, tal y como podría uno pensar.

Por tanto los usuarios que sufren adicción a las redes sociales, no parecen ser personas aisladas, encerradas en su casa, ni siquiera entre los que exhibían niveles bajos de autoestima.

Con respecto a la selección de los participantes centrado exclusivamente en los estudiantes universitarios, lo que limita la posibilida de extrapolar los resultados a otras poblaciones, además hay que tener en cuenta las características propias de la sociedad japonesa que no está presente en otros lugares, por lo que se requiere de nueva investigación al respecto para analizar si los resultados se mantienen o no.

Hay que tener en cuenta que el estudio no separa entre las distintas redes sociales que se utilizan, información fundamental, si se quiere conocer el verdadero impacto de cada una de ellas en la salud mental.

Igualmente, la edad de los participantes en el estudio deja fuera a las personas más sensibles y que incluso las usan y consumen más internet, los adolescentes, los cuales están expuestos a esta adicción desde más temprana edad, por lo que, si se planea algún tipo de intervención preventiva, será en esta edad donde es probable que sea más efectiva.

A pesar de lo anterior, el estudio deja claro que los varones son los más sensibles a este tipo de adicción, aspecto que ha sido explicado por los autores, por el sentido utilitario que dan las mujeres, lo que las "protege" de que se pueda convertir en un fin en sí mismos.

Unas diferencias de género que plantea la necesidad de seguir estudiando para comprender por qué adultos con el mismo nivel educativo muestran distinta disposición a la adicción en algo tan nuevo como es el uso de las redes sociales.

Pero si bien se ha comentado sobre la sintomatología asociada a la ciberadicción, queda por determinar si se produce algún tipo de relación entre este adicción y alguna psicopatología como por ejemplo la de tipo emocional, entonces ¿Se presenta trastornos emocionales en la ciberadicción?

Esto es precisamente lo que se ha tratado de averiguar con una investigación realizada desde el Departamento de Zoología, Universidad de Jahangirnagar; el Hospital Mirpur Adhunik y el Centro de Diagnóstico Ltd, Universidad del Sur; el Hospital General, Universidad de Ciencias de la Salud de Bangladesh; el Hospital IBN SINA, Universidad Savar; y el Departamento de Salud Pública, Univresidad de Medicina Bangabandhu Sheikh Mujib (Bangladés) cuyos resultados han sido publicados en la revista científica Ec Psychology and Psychiatry.

En el estudio participaron cuatrocientos alumnos universitarios, de los cuales el 44% eran mujeres.

A todos ellos se les administraron dos cuestionarios, el primero para evaluar el nivel de dependencia a internet a través del Internet Addiction D.Q. test y el segundo para comprobar la presencia o no de sintomatología depresiva a través del CE.S.-D. scale (Center for Epidemiologic Studies Depression Scale).

Los resultados muestran que el 74,8% de los participantes tenían sintomatología depresiva y que el 25,3% sufrían adicción a internet.

Un análisis comparativo entre la presencia de sintomatología depresiva entre los estudiantes con y sin adicción a internet muestra diferencias significativas entre ellos, teniendo tres veces más probabilidad de sufrir depresión si es adicto a internet.

Entre las limitaciones del estudio está el haber realizado una evaluación mediante cuestionario en vez de tomar otro tipo de medidas más objetivas que corroboren los datos.

Los autores no plantean ninguna teoría explicativa sobre la relación depresión-ciberadicción, pues se limitan a presentar los datos correlacionados, sin establecer qué fue primero, es decir, si la adicción a internet ha provocado un sentimiento de aislamiento y de depresión; o sufrir una depresión ha hecho que la persona sea más retraída en sus relaciones sociales y que se "refugie" en internet.

Por último, el estudio no analiza el "contenido" de la adicción a internet, pues no es lo mismo que sea adicto a las redes sociales, donde existe una comunicación fluida con otros usuarios, que, a los videojuegos, ya que esta información podría permitir comprender mejor los distintos perfiles de usuarios en internet, y cuáles de ellos sufren más riesgo tanto con respecto a la adicción como a la depresión.

A pesar de lo anterior hay que destacar dos hechos, primeramente, que existe un grave problema de salud entre los estudiantes evaluados de este país, ya que casi el 75% de ellos muestran síntomas depresivos; el segundo hace referencia a que se tenga tres veces más probabilidades de sufrir depresión si se tiene adicción a internet.

Quedaría, para completar estos resultados, establecer un plan de intervención, para lo cual se necesitaría estudiar, si este sería más efectivo hacerlo sobre la adicción a internet, para ver si reduce o no los síntomas depresivos; o al contrario, intervenir en los síntomas depresivos para comprobar si eso reduce la adicción a internet.

CAPÍTULO 3. DIAGNÓSTICO DE LA CIBERADICCIÓN

Con anterioridad se ha comentado sobre las consecuencias negativas de la ciberadicción tanto en el desempeño académico, como en lo que respecta la socialización con sus iguales por parte del joven, y en algunos casos además conlleva cierto desatención personal que se puede mostrar con desaliño y falta de higiene.

Todo ello se considera la expresión propia de una adicción comportamental, que ha de ser superada con intervención de un especialista, y que en muchos casos requiere como primera medida cortar todo acceso del menor a Internet, tal y como se haría con otro tipo de adicciones, pero ¿Es posible detectar la adicción a Internet en jóvenes?

Esto es precisamente lo que se ha tratado de responder con una investigación realizada desde la Universidad Payame Noor (Irán) cuyos resultados han sido publicados en la revista científica International Journal of Behavioral Research & Psychology.

En el mismo participaron trescientos ochenta estudiantes de instituto, de los cuales ciento noventa y cuatro eran mujeres.

Se plantearon tres objetos de estudio, el primero, determinar hasta qué punto los jóvenes estudiantes sufren adicción a Internet; el segundo, comprobar si esa presencia de adicción se relaciona con el nivel de sinceridad que expresa dentro de la familia; y por último si existen diferencias entre género en las dos anteriores.

Para ello se empleó el cuestionario estandarizado I.A.T. para evaluar el nivel de adicción a Internet de los jóvenes, y uno creado al efecto para evaluar el nivel de sinceridad en casa de los participantes.

Los resultados informan que los chicos experimentan significativamente un mayor nivel de adicción; igualmente, la falta de sinceridad intrafamiliar aumenta a medida que lo hace la dependencia a Internet, y por tanto se expresa significativamente en mayor medida en los chicos.

Por lo que es posible detectar la adicción entre los chicos simplemente observando el nivel de sinceridad de estos en la familia, cuando empieza a buscarse escusas o a inventar motivos para permanecer conectado ya sea a través de la computadora o de un dispositivo movil, puede ser un buen indicativo para sospechar que el joven puede estar empezando a sufrir adicción a Internet.

Regla que no se puede aplicar a las chicas, ya que estas, a pesar de sufrir menores niveles de adicción a Internet, cuando lo hacen, no se expresa con una menor sinceridad dentro de la familia, lo que a su vez hace más difícil su detección y por ello su intervención para que lo supere.

Esto indicaría que los chicos son más sensibles a sufrir este tipo de adicción relacionado con las nuevas tecnologías, lo que va a repercutir negativamente en la calidad de la convivencia familiar, al tratar de "esconder" su adicción.

Todo ello se puede emplear para establecer programas de prevención entre los propios estudiantes, para que desarrollen herramientas con los que enfrentarse a la adicción a Internet, e incluso entre los padres, para que estos tengan claros los primeros síntomas de la adicción y con ello poder intervenir cuanto antes.

Aunque los resultados son claros, se precisa de más investigación para poder alcanzar conclusiones al respecto, ya que se trata de un estudio focalizado en una población con características específicas, no encontrándose el país objeto de estudio, Irán, entre los diez primeros a nivel de número de usuarios de Internet, empleado a diario por un poco más de la mitad de la población actual (53,3%) muy por detrás de países como Noruega, Islandia, Países Bajos, Suecia o Dinamarca, todos ellos por encima del 90%, según datos recogidos por Internetworldstats.

Un caso concreto de la adicción tecnológica es la adicción a los videojuegos, la cual surgió como adicción comportamental mucho antes que la ciberadicción, popularizándose en los años 80, pero la incursión de Internet no ha hecho más que facilitar y fomentar este tipo de adicción, al cual un jugador puede dedicar más de ocho horas diarias.

Por tanto se trataría de una nueva modalidad de adicción al juego, la cual es definida como una adicción comportamental en el que la persona llega a perder el control de su economía, modificando su escala de valores, lo que le puede conducir incluso hasta la ruina económica, pasando previamente por la pérdida de amigos, pareja e incluso de hijos.

Desde las instituciones públicas y privadas, fundaciones y asociaciones, han intentado prevenir en la medida de lo posible la ludopatía, ya sea con el establecimiento de edades mínimas para acceder al juego, como creando un fichero de ludópatas lo cuales tienes prohibido el acceso a los casinos, para evitar así su recaída.

En cambio, en internet, estos límites no están tan claros, ya que uno puede "mentir" e iniciarse al juego online con edades inferiores a 18 años.

Igualmente el acceso no está limitado a ningún usuario, por muchas veces que haya perdido en este tipo de juego, ya sean en casinos online, juegos de poker en internet o cualquier otro.

Para aquellas personas ajenas a la ludopatía, puede pensarse que se trata de un problema "menor", pero hay que recordar que es una adicción comportamental, es decir, la persona va a pasar buena parte de su tiempo tratando de jugar, con pensamientos intrusivos sobre "qué hubiese pasado si llega a salir...", o "en la siguiente partida seguro que me recupero".

Y eso a pesar de que cuando acuden a una asociación de ayuda a la ludopatía les explican detalladamente que las máquinas y los juegos de azar están diseñados para perder, que ese es precisamente el negocio de los casinos y de los dueños de las máquinas tragaperras. A pesar de que la persona sabe que nunca podrá "ganar" a ese sistema probabilístico matemáticamente creado para que pierda, sigue pensando y sintiendo que "con un poco más de suerte..."

Hoy en día las posibilidades de juego en la red son casi infinitas, desde "los clásicos", hasta los multijugadores, pasando por todo tipo de juegos, incluso se pueden descargar en el propio Smartphone y jugar en cualquier momento.

Si bien los "tops" de las Apps (programas diseñados para Tablets y Smartphones) más descargados van cambiando mes a mes, todos tienen algo en común, suelen ser juegos gratuitos, por lo menos en las primeras fases, y a medida que la persona se adiciona, el juego va dando nuevas posibilidades en las que invertir dinero, comprando extras como "poderes", "tiempo" o nuevas fases.

Todo pensado e ideado para sacar cientos de miles de dólares al año a los jugadores que quedan "enganchados" con los videojuegos, pero si entre todo estos videojuegos hay uno especialmente difícil de tratar es el que se corresponde con la adicción al juego "tradicional", es decir, donde el objetivo primero y último es el dinero.

Con anterioridad en cada bar de cada ciudad había una máquina "tragaperras" con vistosos sonidos e imágenes, actualmente su uso se está restringiendo cada vez más, pero todavía quedan los casinos a donde "buscar suerte" apostando.

Son muchas las personas que se han arruinado jugando a la ruleta, las cartas o cualquier otro juego de apuestas, de hecho, cuando estuve en Las Vegas (EE.UU.) alojado en uno de los hoteles temáticos de la ciudad, lo que me quedó claro es que aquello era única y exclusivamente un negocio.

Las máquinas "tragaperras" se tasaban anualmente y se estimaba la cantidad de dinero que eran capaces de ganar, si por algún motivo bajaba esa tasa en alguna de ellas, era retirada y sustituida por otra más moderna que pudiese "producir" más dinero.

Dinero que, por supuesto salía de los turistas que se acercaban a la ciudad a "probar suerte", con el sueño o el deseo de dar un vuelco a sus vidas con alguno de esos mega premios, que en algunos casinos podía llegar a ser de un millón de dólares.

Pues bien, la tecnología ha introducido en la casa esta posibilidad de adicción a las apuestas con dinero, en los denominados como casinos virtuales, y para facilitar "el enganche", te dan dinero para apostar la primera vez, para que se "prueben las mieles del éxito" y que eso te haga pensar que puede lograr más la próxima vez.

Al respecto comparto una entrevista que realicé a D. Cam Adair, co-autor del Manual de la Adicción de videojuegos para padres, quien revela las claves sobre los efectos y el tratamiento de la adicción a los videojuegos.

- ¿Cómo se define la adicción a los videojuegos?

La adicción es una palabra que se usa estos días, a menudo mal utilizado como adjetivo de un tipo de obsesión.

En mi experiencia, caí en el abandono de la escuela secundaria y dejé de trabajar con el fin de jugar más. Pero, yo creo que es fácil para nosotros quedarnos atrapados en el intento de definir la "adicción a los videojuegos" en lugar de centrarse en lo que realmente está pasando con los jugadores y por qué son tan atraídos por los juegos en sí.

- ¿Hay realmente más adicción a los videojuegos que en la última década?
¡Por supuesto! La facilidad de acceso (iPhones, iPads, etc.) a los juegos ha creado oportunidades para muchos más jugadores a jugar más que nunca. Las estadísticas muestran que el 100% de los chicos y el 96% de las chicas entre las edades de 8 a 18 años usan los videojuegos. La escala potencial de este problema es mucho más grande que hemos considerado en años anteriores.

- ¿Cuáles son los síntomas de la adicción a los videojuegos?
Yo uso el término W.A.S.P. para identificar fácilmente ciertos síntomas de la adicción a los videojuegos.
Ansiedad, Apatía, Relaciones Sociales, Rendimiento, en inglés Withdrawals, Apathy, Social Relationships, Performance (W.A.S.P)
Ansiedad - Ellos experimentan cambios de humor o síntomas de tipo de abstinencia cuando no se dedican a los juegos de azar.
Apatía - Experimentan apatía hacia otras actividades y/o su propia salud e higiene personal.
Relaciones sociales - La mayoría de sus relaciones son en línea.
Rendimiento - Sus calificaciones escolares o de desempeño laboral se ven afectadas negativamente.
Estas son sólo algunas de las maneras de identificar si el juego es un problema más grande para una persona específica. Muchas veces, este tipo de síntomas se desarrolla con el tiempo como el uso continúa.

- ¿Cómo sugiere superar la adicción a los videojuegos?

Mi objetivo ha sido siempre la identificación de la causa del problema y proporcionar apoyo para curar este problema. En mi investigación he encontrado cuatro razones principales por las que los jugadores juegan: que proporcionan un escape temporal, una comunidad social, un sentido de propósito y el crecimiento constante medible.

La clave para superar el problema es encontrar nuevas actividades que cumplen esas mismas áreas, mientras que también se trabaja para mejorar sus habilidades sociales. Sugiero actividades de grupo como las artes marciales o unirse a un gimnasio, donde es más fácil hacer amigos como pasos positivos hacia delante.

- ¿Qué consecuencias tiene la adicción a los videojuegos?

Las consecuencias son en relación con cada persona, pero en general me parece que en las relaciones es donde se producen las mayores consecuencias, y en última instancia, cuando se trata de videojuegos, hay una diferencia entre divertirse y ser feliz. En mi investigación he encontrado que muchos jugadores que juegan por diversión, pero la plenitud y la felicidad duradera no es tan común. Se trata de convertir su vida en el videojuego definitivo.

- ¿Es la adicción a los videojuegos un problema de los países desarrollados?
Actualmente sí. Pero con el aumento del acceso de teléfonos inteligentes en todo el mundo, lo convierte en un potencial problema mundial en los próximos años.

- ¿Hay alguna cualidad de la personalidad asociada con adicción a los videojuegos?
Los jugadores que tienen mayor riesgo son los que se identifican con la sensación de aislamiento y de ser rechazadas, especialmente si se producen en la escuela, aunque mucho se ha hablado también sobre la ansiedad social y la depresión como predictores.

Hoy en día es impensable que determinados trabajos se puedan llevar a cabo sin una computadora, ya sea al trabajar de forma online u offline, en muchas ocasiones hay que consultar información e Internet o escribir algún email a los clientes.

Pero este acceso a Internet no siempre va acompañado de un mayor rendimiento en el puesto de trabajo, debido a que en ocasiones se "aprovecha" para el ocio.

Mirar y contestar emails personales, chatear y comentar con personas ajenas al trabajo sobre aspectos banales, leer un periódico electrónico o buscar en Internet sobre las próximas vacaciones, han dejado de ser comportamientos "inapropiados" en muchos puestos de trabajo, pasando a ser habituales.

Pero el acceso a Internet no se circunscribe a las horas de trabajo, ya que también está accesible y presente cuando se sale del trabajo, pudiendo llegar a afectar y sustituir al tiempo de ocio, pero ¿Cuál es el perfil de la adicción a Internet?

Esto es lo que se ha tratado de responder con una investigación realizada desde el Departamento de Recreación, Facultad de Educación Física y Deportes, Universidad de Gazi (Turquía) cuyos resultados han sido publicados en la revista científica Universal Journal of Educational Research.

En el estudio participaron cuatro mil quinientos noventa y siete asistentes de investigación, con edades comprendidas entre los 23 a 47 años, de los cuales el 60,2% fueron mujeres.

A todos ellos se les pasó un cuestionario online para evaluar el nivel de adicción a Internet a través del B.A.P.I.N.T. (Batery of Addiction Profile Index Internet Form), igualmente se recogieron datos sociodemográficos de los participantes, además de cuestiones relativas a sus hábitos de ocio.

Se encontraron diferencias significativas en función del género, el estado civil, el nivel educativo, la duración y la percepción del tiempo de ocio.

Donde los hombres obtienen puntuaciones más elevadas de adicción a Internet; producciéndose en mayor medida en los solteros. Con respecto al nivel educativo, a mayor sea el nivel alcanzado menor el de adicción.

En cuanto al tiempo de ocio está inversamente relacionado con la adicción a Internet, esto es, pasar más tiempo de ocio, ya sea con amigos o yendo al cine, previene la adicción a Internet; aunque este ocio debe de ser de calidad, pues si se vive como poco satisfactorio el riesgo a la adicción a Internet aumenta.

Una de las limitaciones del estudio es con respecto a la población analizada, la turca, con unas características culturales muy definidas, lo que hace necesario comprobar si estos resultados se mantienen en otras poblaciones.

Igualmente, la evaluación de la adicción a Internet no ha ido acompañada de una medida objetiva, como el tiempo efectivamente conectado o qué hace cuando lo está.

El gran número de participantes del estudio permite establecer un perfil de los adictos a Internet en función de los resultados, hombres, solteros, con bajos niveles de estudio, que dedican poco tiempo al ocio, y este no les es satisfactorio.

Queda ahora establecer planes de prevención para este colectivo más vulnerable a la adicción a Internet, intervención que puede ir encaminada a aumentar el número de horas dedicadas al ocio, procurando que este tiempo sea satisfactorio para el usuario.

En la actualidad se están buscando nuevos predictores con lo que establecer un mejor diagnóstico e incluso implementar progamas de prevención pero ¿Existen factores de individuales implicados en la ciberadicción?

Esto es lo que ha tratado de responderse con una investigación realizada desde la Facultad de Psicología, Universidad Normal de Shandong (China) cuyos resultados han sido publicados en la revista científica Psychology Research.

En el mismo participaron trescientos sesenta y tres estudiantes con edades comprendidas entre los 17 a 24 años, de los cuales la mitad eran mujeres.

A todos ellos se les administraron diversos cuestionarios estandarizados, para evaluar su nivel de ciberadicción a través del C.I.A.S.-R. (Chinese Internet Addiction Scales revision), para conocer sobre el nivel de estrés vivenciado a través del A.S.L.E.C. (Adolescent Self-Rating Life Events Check List); para el nivel del apoyo social percibido mediante el P.S.S.S. (Social Support Scale) y para evaluar el nivel de agresividad se usó el A.Q. (Aggression Questionnaire).

Los resultados indican que la adicción a internet se relaciona positiva y significativamente con mayores niveles de agresividad y estrés, y negativamente con los niveles de apoyo social.

Esto es, a mayor nivel de apoyo social, menor agresividad, menores niveles de estrés y menor adicción a internet, y, por el contrario, a mayor adicción a internet, mayores niveles de estrés y ansiedad, que desencadena en una mayor agresividad física y verbal.

Entre las limitaciones del estudio está el no incluir medidas de tipo observacional o de registro de conducta, ya que únicamente se basa en la respuesta de los participantes.

Igualmente habría sido adecuado realizar alguna medida de personalidad, para evaluar si esta media en la adicción a internet o la agresividad.

El encontrar un papel de intermediación en los niveles de estrés percibidos, entre la dependencia a internet y la agresividad, permite establecer planes de prevención e intervención con lo que evitar que dicha adicción acabe en agresividad.

Por último y no por ello menos importante, el papel de las relaciones sociales en el "mundo real" y especialmente de la familia, es fundamental tanto para prevenir la adicción a internet como la agresividad posterior.

Aún quedan muchas interrogantes que plantean padres y profesores a la hora de saber prevenir y detectar la ciberadicción.

Para dar respuesta a esta problemática cada vez más frecuente en nuestros días desde T.E.A. Ediciones se ha publicado el ADITEC (Evaluación y Prevención de la Adicción a Internet, Móvil y Videojuegos) el cual se divide en dos bloques, el primero sobre la detección y el segundo sobre la intervención.

Con respecto a la primera parte, sobre la detección de la ciberadicción, se han creado tres cuestionarios estandarizados, orientados a pequeños entre los 12 a 17 años, con un tiempo estimado de aplicación de 5 a 10 minutos cada uno.

- Cuestionario ADITEC-I para la detección de la adicción a Internet, en donde se evalúa el abuso; la abstinencia; la perturbación y ausencia del control; y el escape.

- Cuestionario ADITEC-M para la detección de la adicción al teléfono móvil, celular o smartphone, donde se evalúa la tolerancia y abstinencia; la dificultad para controlar el impulso; los problemas derivados del gasto económico; y el abuso.

- Cuestionario ADITEC-V para la detección de la adicción a los videojuegos, donde se evalúa el juego compulsivo; la abstinencia; la tolerancia e interferencia con otras actividades; los problemas asociados; y escape.

De cada una de estas dimensiones el cuestionario ofrece una puntuación, que es comparada con el baremo en función del género, es decir, existe un baremo de comparación con la población general de menores entre 12 a 17 años para varones, y otro baremo para mujeres. Igualmente se obtiene una valoración total de las dimensiones anteriores.

Obteniéndose una puntuación traducida a percentiles, donde los valores próximos a 50 se consideran "normales"; por encima de 85 se puede pensar que el joven está en riesgo; mientras que si es superior a 95 se puede diagnosticar un problema de ciberadicción.

Con respecto a la segunda parte, se ha diseñado un programa de prevención de la ciberadicción para menores entre los 10 a 16 años para cada tipo de adicción anterior, con una intervención de tres sesiones de 50 minutos cada una.

Entre los objetivos de estos programas está el de informar sobre las adicciones tecnológicas, sensibilizar a los menores sobre las consecuencias negativas de su abuso, y desarrollar las habilidades necesarias para su prevención.

La intervención está pensada para su aplicación colectiva en el ámbito escolar, para lo cual se incluyen diapositivas, vídeos de testimonios, viñetas ilustrativas, actividades programadas para trabajar de forma individual en casa, y un cuestionario inicial y final para evaluar la eficacia del programa.

Un instumento imprescindible en la práctica clínica con adolescentes, los cuales son quienes más expuestos están a los efectos del uso y abuso de la tecnología y sobre los que se ha de hacer una mayor incidencia a la hora de establecer políticas de prevención encaminadas a la educación sobre cómo sacar el mayor partido a la tecnología sin correr ningún riesgo de quedar "enganchado".

A pesar del gran avance que supone contar con herramientas estandarizadas para la evaluación de estas adicciones, no se han contemplado toda la casuística de la ciberadicción, dejando sin evaluar la ciberadicción al juego o al sexo entre otras.

Igualmente, el instrumento tiene un rango bastante reducido en cuanto a la edad de detección (12 a 17 años) y en la prevención (10 a 16 años), sobre todo cuando se ha observado cómo la ciberadicción se va "fortaleciendo" con los años y en las etapas universitarias esta puede llegar a afectar a más de la mitad de los usuarios habituales de internet.

CAPÍTULO 4. TIPOS DE CIBERADICCIÓN

Con anterioridad ya se han expuesto alguno de los tipos más frecuentes de la ciberadicción, como la adicción a los videojuegos o a las redes sociales, pero en los últimos años se ha popularizado entre los más jóvenes la práctica del sexting, el cual es definido como el hecho de compartir a través de internet textos, fotos o vídeos de contenido sexual, una práctica que va unida al incremento del número de horas que los jóvenes pasan delante del ordenador.

Algo que no se ha visto como un problema hasta ahora, ya que se desconoce la magnitud, donde algunos estudios apuntan entre un 3 a un 32% según la edad, y de cuyos efectos se desconoce cómo afecta a los jóvenes pero, ¿Cómo afecta el sexting a los menores?

Esto es precisamente lo que se ha tratado de averiguar con una investigación realizada desde la Universidad Autónoma de Madrid (España) y la Universidad Nacional de Entre Ríos (Argentina) cuyos resultados se han publicado en la revista científica Psicothema.

En el estudio participaron tres mil doscientos veintitres adolescentes, con edades comprendidas entre los 12 a 17 años, de los cuales el 49,9% eran mujeres.

Entre las características de esta población es que pasa una media de 2,21 horas diarias y 3,02 los fines de semana dedicados al ocio en internet, es decir excluido el tiempo dedicado a realizar sus actividades escolares.

Con respecto a las redes sociales, la más usada es Instagram (64,8%), seguida de YouTube (61,5%), WhatsApp (33,8%), Snapchat (18,3%), Twitter (13,6%) siendo la menos usada Facebook (11,9%).

A todos ellos se les administró el cuestionario estandarizado para detectar conductas de sexting durante el año antecedentes denominado Sexting Questionnaire, para evaluar distintas características de personalidad se empleó el B.F.I.-S (Big Five Inventory) junto con el G.SO.E.P. (German Socio-Economic Panel).

Los resultados muestran que el 13,5% de los jóvenes han practicado sexting en el último año, siendo un 10,8% los que han mandado mensaje, un 7,1% los que han compartido fotos, y un 2,1% los que han compartido webcam con contenido sexual.

Únicamente observándose diferencias significativas en función del género en cuanto al envío de textos de contenido sexual, siendo en mayor medida en hombres (12,1%) frente a las mujeres (9,4%).

Existiendo un incremento significativo de las prácticas de sexting a medida que avanza la edad de los menores, pasando del 3,4% de sexting con 12 años a 36,1% a la edad de los 17 años.

Con respecto a las características de personalidad presentes en la práctica del sexting señalar una correlación positiva significativa con el Neuroticismo y negativa con la Extraversión.

Es decir, aquellos jóvenes con altos niveles de Neuroticismos eran los que llevaban más prácticas de sexting, igualmente los que tenían altos niveles de Extraversión eran los que menos sexting compartían.

Hay que tener en cuenta que los resultados se obtienen de las declaraciones de los menores, y no así del registro de sus cuentas para extraer información directamente con lo que corroborar hasta qué punto se produce o no el sexting, debido al problema de la deseabilidad social, por el cual el participante manipula la respuesta contestando en función de lo que cree que se espera socialmente, por ejemplo, no reconociendo el número exacto de la práctica de sexting.

A pesar de lo anterior, cabe indicar que los datos son cuanto menos preocupantes, ya que uno de cada tres jóvenes entre los 17 a 18 años usan frecuentemente el sexting, algo que da muestras de una falta de desarrollo personal.

Por lo que sería bueno establecer planes de formación hacia los más jóvenes para que aprendan a relacionarse con los demás de forma adecuada, sobre todo con el sexo contrario.

CAPÍTULO 5.
TRATAMIENTO DE LA
CIBERADICCIÓN

¿Cuántas horas son "suficiente" delante del ordenador?, esta sería una pregunta que deberían de hacerse todos los padres, cuando ven que los menores pasan horas y horas "pegados" a la pantalla de sus computadoras.

El problema de la Ciberadicción entre los más jóvenes es que se "maquilla" con estar consultando para hacer la tarea, hablando con los amigos o simplemente "descansando".

Son varias las aproximaciones a esta problemática, que intentan dar cuenta de los motivos de la Ciberadicción.

Desde los que consideran que se trata de algo pasajero, que se "supera" con el tiempo. Hasta aquellos que lo ven como algo "normal" propio de una generación que ha nacido con la tecnología.

Desde el punto de vista psicopatológico, no se puede entender como "normal" a una adicción comportamental como la Ciberadicción, por lo que se trata de buscar otras explicaciones alternativas de las cuales se encarga la CiberPsicología.

Una de las explicaciones aceptadas actualmente es que la ciberadicción o adicción tecnológica es una forma de "escapar" o evadirse de una realidad que en ocasiones es traumática para la persona o no es lo suficientemente estimulante, pero ¿Se puede explicar la ciberadicción basado en un trauma previo?

Esto es lo que ha tratado de resolverse con una investigación realizada desde Al-Farabi Kazakh National University (Kazajistán) junto con la bChinese University of Hong Kong (China) cuyos resultados han sido publicados en la revista científica International Journal of Enviromental & Science Education.

En el estudio participaron ciento ochenta adolescentes, a los cuales se les entrevistó para conocer su nivel de adicción a la tecnología.

Los resultados muestran que únicamente un 7% de los encuestados no sufría ciberadicción.

El 27% está en riesgo de sufrir ciberadicción y el restante 66% sufre ciberadicción

Para evaluar el nivel de trauma sufrido por el estudiante se empleó la escala estandarizada denominada IES-R – Impact of Event Scale, sensible para detectar trastornos de estrés post-traumáticos.

Los resultados indican mayor conducta de evasión y mayores niveles de activación fisiológica, ambas características de haber sufrido un trauma, entre los ciberadictos frente a los no adictos a la tecnología.

Hay que señalar que los resultados de estudio se basan en las respuestas a cuestionarios estandarizados y no a una observación real del comportamiento del menor.

Igualmente, no se ofrece información sobre el género de los participantes, luego es difícil conocer hasta qué punto esta relación significativa encontrada entre trauma y ciberadicción afecta por igual o no a chicos y chicas.

Por último y tal y como indican los autores, existe un porcentaje del 27% que están en riesgo de sufrir Ciberadicción, por lo cual sería importante crear mecanismos para detectar a tiempo este colectivo para poder implementar políticas de prevención orientada al fortalecimiento de las relaciones sociales "alejadas" de la tecnología.

Igualmente, para aquellos jóvenes que hayan sufrido situaciones traumaticas durante la infancia, las escuelas e institutos deberían de contar con personal cualificado para orientar a los mismos e incluso derivarlo a ayuda profesional especializada cuando se diese el caso.

Con lo que tratar de romper o al menos debilitar esta relación entre la vivencia de traumas y la Ciberadicción, empleando a esta segunda como un mecanismo de evasión de una realidad no agradable.

Pero para poder establecer estos mecanismos de prevención, lo primero es darse cuenta de la gravedad del problema, que en el estudio representa a más de la mitad de los menores (el 66%), y cómo estos van a "arrastrar" durante su vida las consecuencias de una adicción comportamental como es la Ciberadicción.

En cuanto al tratamiento, lo primero que tiene que hacer la persona que padece una tendencia de estar conectado a internet de forma casi obsesiva, es precisamente reconocer su dependencia, y las consecuencias que ésta tiene en su vida, como en la de los que la rodean.

Este paso, que pudiera parecer sencillo, es uno de los más difíciles de lograr, ya que la persona buscará cualquier excusa para no asumir su responsabilidad, minimizando el problema, justificándose diciendo que "sólo consulta los correos", o que "no hace mal a nadie con ello".

Al igual que en otras dependencias comportamientales, el tratamiento de la ciberadicción deberá incluir una combinación de técnicas que traten de dar respuesta a la situación de ansiedad y los pensamientos intrusivos generados ante la tentación de conectarse a internet, como son:

- Técnicas de relajación y respiración, orientadas a aumentar la sensación de control sobre uno mismo, en situaciones de tentación; así como para controlar la frustración cuando la persona no se conecte.
- Terapias cognitivas, que buscan la identificación de aquellos pensamientos intrusivos que agravan la situación de tensión que se origina delante de un objeto como la computadora, un Smartphone o una Tablet que supone una tentación de conectarse.
- Técnicas de modificación de conducta, que tratan de reducir las conductas inadecuadas, premiando comportamientos que no impliquen el uso de tecnología.

CONCLUSIÓN

En este libro se ha tratado de ofrecer una visión amplia del problema de la CiberAdicción, planteando investigaciones actuales realizadas a en distintos países a lo largo del mundo, para presentar lo que es sin duda un problema global.

En algunos casos las cifras son desalentadoras por la cantidad de jóvenes que sufren de forma leve, moderada e incluso grave esta ciberadicción, alentada por la inmediatez de la comunicación y por las redes sociales.

De ahí la importancia de tomar conciencia del problema, con los últimos datos científicos recogidos al respecto, y plantar posibles vías de intervención que sin limitar a la persona, sí le "eduque" para que compatibilice su tiempo "conectado" a la vida social, la cual se ha convertido en el mejor medio de prevención de la ciberadicción.

Evitar que surja este problema es el primer paso, pero también hay que desarrollar estrategias terapéuticas para los que ya padecen la ciberadicción.

SOBRE JUAN MOISÉS DE LA SERNA

Es Doctor en Psicología, Master en Neurociencias y Biología del Comportamiento, y Especialista en Hipnosis Clínica, reconocido por el International Biographical Center (Cambridge - U.K.) como uno de los cien mejores profesionales de la salud del mundo del 2010. Desarrollando su labor docente en distintas universidades nacionales e internacionales.

Divulgador científico con participación en congresos, jornadas y seminarios; colaborador en diversos periódicos, medios digitales y programas de radio; autor del blog "Cátedra Abierta de Psicología y Neurociencias" y de diecisiete libros sobre diversas temáticas.

Actualmente desarrolla su labor de investigación en el ámbito del Big Data aplicado a la Salud, para lo cual trabaja con datos provenientes de la India, EE.UU. o Canadá entre otros; labor que complementa con la asesoría a Startups tecnológicas orientadas a la Psicología y el Bienestar personal.